IMPRIMERIE DE C. J. TROUVÉ.

DU

RENOUVELLEMENT

INTÉGRAL,

CONSIDÉRÉ DANS L'INTÉRÊT DE LA PRÉROGATIVE ROYALE ET DE
L'INALIÉNABILITÉ DU POUVOIR MONARCHIQUE,

AVEC DE NOUVEAUX DÉVELOPPEMENS;

Par M. Henri de Bonnald.

SECONDE ÉDITION.

« Dans la Monarchie, le Prince est la
» source de tout pouvoir politique et civil »
MONTESQUIEU, liv. II, chap. IV.

PARIS,

CHEZ C. J. TROUVÉ, IMPRIMEUR-LIBRAIRE,
RUE DES FILLES-SAINT-THOMAS, No 12 ;

ET CHEZ PETIT, PONTHIEU ET DELAUNAY,
LIBRAIRES, AU PALAIS-ROYAL.

1823.

Nota. — Cette importante question de la prérogative royale, m'a semblé susceptible de recevoir de nouveaux développemens et d'être traitée avec plus d'étendue, et c'est ce que j'ai essayé de faire dans cette seconde édition ; comparée à la première, elle sera comme un écrit nouveau, à l'exceptiion des premières pages où j'ai exposé ce que j'ai cru être les vrais principes sur cette matière.

AVANT-PROPOS.

Quel que soit le parti que le ministère juge à propos de prendre, au sujet de la grande mesure de la dissolution de la Chambre et du Renouvellement intégral; quelque parti qu'il eût même déjà pris, lorsque ces réflexions paroîtront, j'ai pensé que la publication n'en seroit pas moins opportune, parce que c'est moins la question du Renouvellement intégral qui en est l'objet, que l'intérêt de la prérogative royale, considéré dans cette mesure; et que tout ce qui tient à la grande question des droits de la royauté est toujours *opportun* à publier. J'ai cru que ces considérations pouvoient être utiles, et nul autre motif ne m'a engagé à les publier. L'intérêt de la monarchie est le premier intérêt de tout Français, et je puis dire avec Horace : *Omnis in hoc sum,* bien sûr d'avance que tout homme de bonne foi en sera convaincu.

RENOUVELLEMENT

INTÉGRAL,

CONSIDÉRÉ DANS L'INTÉRÊT DE LA PRÉROGATIVE ROYALE (1) ET DE L'INALIÉNABILITÉ DU POUVOIR MONARCHIQUE.

—◦◦◦—

Nous ne nous proposons pas, en ce moment, de revenir sur la grande question de l'opportunité ou de l'inopportunité du Renouvellement

---

(1). C'est avec peine que j'emploie quelquefois ce mot de *prérogative* royale ; il faudroit toujours dire les *droits* de la royauté, parce que la royauté tient ses droits d'elle-même, ou plutôt de l'auteur de toute société et du principe même de tout ordre ; au lieu que les *prérogatives* et les *priviléges* sont acquis et peuvent se perdre. Ceux qui nient le droit divin de la royauté, ce droit auquel les souverains de l'Europe et le roi d'Angleterre lui-même, rendent hommage en s'appelant rois par *la grâce de Dieu**, ceux-là verroient volontiers le pouvoir royal réduit à quelques prérogatives et à de simples priviléges. Il faut, en général, se défendre des fausses locutions comme des faux principes ; mais c'est quelquefois bien difficile.

* Il y a sur la monnaie d'Angleterre *Rex d. g.*, *Dei gratiâ* (ce que l'on voudroit voir rétablir sur celle de France), et pour devise dans les armoiries, *Dieu et mon droit ;* je pense que voilà le *droit divin* bien établi dans ce pays.

intégral. Nous n'examinerons pas si des élections générales ne sont pas une secousse un peu trop forte pour un État qui n'est pas parfaitement assis, où toutes les passions, toutes les haines sont encore vivantes; et si le régime plus doux des élections successives ne seroit pas préférable quelque temps encore, et n'auroit pas un grand argument en sa faveur, celui d'avoir sauvé la France dans un temps où des élections générales l'auroient perdue. Nous considérerons, en ce moment, la question du Renouvellement intégral sous un autre point de vue, et en ce qui touche à ce qu'il y a de plus important dans les grandes questions politiques.

C'est un principe reconnu aujourd'hui par tous les amis de l'ordre public, en Europe, que les institutions politiques et fondamentales ne doivent émaner que du trône; car si elles n'émanoient pas du trône seul et que des assemblées populaires y pussent intervenir de droit, la *souveraineté du peuple* seroit par cela même reconnue comme partie intégrante dans la construction de l'édifice social, et l'opinion publique en France ne reconnoît la souveraineté du peuple, ni en tout, n en partie. Le Roi de France a lui-même reconnu ce grand principe lorsqu'il a *oc-*

troyé la Charte, au lieu de la recevoir toute faite des mains du sénat et du peuple, et l'Europe a rendu aussi hommage à ce dogme salutaire, en refusant de reconnoître la constitution populaire ou militaire des cortès, ce qui est la même chose.

Il résulte de ce principe, que tout ce qui tient aux fondemens de la constitution d'un État ne peut être de droit examiné, discuté et décidé que par le pouvoir fondamental lui-même; le droit de faire des changemens à la loi fondamentale de l'État n'appartient qu'à celui qui lui-même a posé ces fondemens; des modifications essentielles à des institutions fondamentales sont en quelque sorte elles-mêmes des institutions nouvelles, donc elles doivent aussi partir du trône; aucun autre pouvoir que le pouvoir royal ne peut y intervenir de son propre droit, et au pouvoir royal appartient seul le droit de porter ses regards salutaires dans les fondemens de la société, lorsqu'il juge qu'ils ont besoin d'être raffermis. Laisser perdre de vue ces grands principes, permettre de toucher aux bases même de la monarchie, et laisser remuer les fondemens de l'ordre social par d'autres mains que celles qui les ont posés, seroit de la plus grande conséquence et d'un exemple fort dangereux.

C'est donc à celui seul qui a donné la Charte que me semble appartenir le droit de la modifier; car je ne comprendrois pas comment les Chambres auroient le droit d'intervenir dans la révision d'une loi fondamentale qui nous a été donnée sans leur intervention.

On nous objectera, sans doute, qu'en semblable circonstance et lors des modifications qui furent apportées à la loi des élections, les trois pouvoirs sont intervenus. A cela je répondrai d'abord que les circonstances ne me paroissent pas semblables, et que les modifications qui eurent lieu alors, me semblent avoir moins touché à l'acte fondamental que celles que l'on projette aujourd'hui. Car alors, les uns soutenoient qu'on touchoit à la Charte, et les autres assuroient qu'on n'y touchoit pas.... Mais ici, force est aux uns et aux autres de convenir qu'on y toucheroit, et certes je ne prétends pas nier le droit que l'on a de la modifier, si la sûreté et le bien de l'État l'exigent. Je ne sache que les commandemens de Dieu auxquels on ne puisse pas toucher, et je ne reconnois à aucune loi humaine le privilége d'être inviolable et éternelle, parce que tout ce qui vient des hommes est toujours imparfait de sa nature et limité dans sa durée.

Je répondrai encore que, si les trois pouvoirs intervinrent alors, c'est qu'apparemment la puissance royale jugea convenable et utile de les faire intervenir; et en effet, le Roi peut trouver bon dans sa sagesse, d'associer, dans des circonstances graves, les deux autres pouvoirs au sien, pour faire à la loi fondamentale de l'État les changemens et les améliorations que les besoins et la sûreté de l'État lui paroissent exiger.

Mais la plénitude de l'autorité royale doit toujours être sauve et hors de toute contestation. L'examen et la décision de ce qui touche à l'acte fondamental appartient essentiellement au Roi, et lorsqu'il juge à propos de faire intervenir les autres pouvoirs de l'État dans ces hautes questions, la déclaration et la réserve des droits de la royauté devroient toujours être faites d'une manière solennelle (1). C'est une concession qu'il veut bien leur faire, et non un droit qu'il leur reconnoît.

C'est en vain qu'on chercheroit à nous opposer l'esprit et les opinions de l'Angleterre sur

---

(1) Je connois des pairs de France qui exigeroient, dans leur conscience monarchique, que cette déclaration eût lieu, et qui regarderoient comme matière à une grave accusation cette *aliénation* du pouvoir royal sans déclaration préalable.

l'*omnipotence* parlementaire qui semble, dans ce
pays, s'élever au-dessus du pouvoir royal. Ces
opinions et ces exemples ne doivent pas nous
tenter à cause de mille différences essentielles
dans les mœurs, la constitution et les habitudes
de ce peuple, qui, à travers toutes ses révolutions, a conservé ses vieilles lois et ses coutumes,
et qui a un si grand respect pour tout ce qui est
ancien. Tous ces rapprochemens éternels et ces
comparaisons peu exactes avec le gouvernement
d'un peuple si différent, prouvent toujours peu
de jugement de la part de ceux qui les font; et M. le
vicomte de Chateaubriand nous a montré avec
la plus haute raison et la plus noble éloquence, à
la session dernière, les différences essentielles
qui sont entre l'état politique de ce peuple et le
nôtre. Ceux qui nous parlent le plus des Anglais,
sont bien souvent ceux qui les connoissent le
moins, et je ne vois rien, en général, de moins
instruit sur l'Angleterre et les Anglais qu'un
Anglomane.

Il se présente ici à mon esprit une considération qui me paroît mériter quelque attention, et
que je livre avec *candeur* aux réflexions de ceux
qui cherchent la vérité de bonne foi. Si l'on se
décide, contre les craintes de l'opinion publique
ou royaliste(ce qui est bien la même chose, je

n'hésite pas à le dire), de cette opinion qui a un instinct si sûr de tout ce qui est favorable ou nuisible à la monarchie, et qui ne s'est jamais trompée ; si l'on se décide, dis-je, à une mesure qui nous paroît grave, c'est qu'apparemment la sûreté de l'État semble l'exiger, plus encore que le repos des ministres. Mais, d'après la Charte, le Roi fait toutes les ordonnances pour l'exécution des lois et *la sûreté de l'État...* donc il est seul juge de ce qui intéresse *la sûreté de l'État...* donc tout ce qui intéresse cette sûreté peut être prévenu par lui seul ; or, toucher à la loi fondamentale de l'État, c'est reconnoître, par cela même, que la sûreté de l'État l'exige ; donc regarder l'intervention d'autres pouvoirs que le pouvoir royal comme nécessaire et *obligée* dans la discussion et la décision d'une question fondamentale qui intéresse *la sûreté de l'Etat*, c'est dire implicitement que le Roi n'a pas le droit de faire seul *toutes les ordonnances nécessaires pour la sûreté de l'État.....*, et la Charte dit explicitement le contraire.

Et que faudroit-il conclure, si le Roi faisoit aux Chambres une proposition dans l'intérêt de *la sûreté de l'État*, et que les Chambres vinssent à la rejeter ? Il faudroit conclure, ou que le Roi n'est pas juge de ce qui intéresse la sûreté de l'État, ou qu'il a mal jugé de ce que la sûreté de l'État exige, ou que les Chambres refusent de pourvoir à la sûreté de l'État... Ces conséquences sont dures, mais elles sont rigoureuses; et l'on pourroit pousser certaines questions plus loin encore... Jusqu'où peut aller l'action du pouvoir suprême? Jusqu'où, la résistance des pouvoirs inférieurs? Combien de fois ces pouvoirs pourroient-ils rejeter ce que le pouvoir souverain juge nécessaire à la *sûreté de l'État?* Combien de fois le pouvoir souverain peut-il dissoudre ces pouvoirs imprudens ou rebelles? Terribles questions qui ne seront jamais décidées, et que j'aime mieux voir prévenues par le pouvoir salutaire de la royauté, que tranchées par le droit du sabre, ou résolues par l'absurde jurisprudence des révolutions. Delà, la nécessité de reconnoître la plénitude de la puissance souveraine dans ces points fondamentaux qui touchent à la conservation de l'ordre social, parce qu'il faut que la raison et l'autorité demeurent, en dernier ressort, à quelqu'un.

« La nature, qui n'est jamais différente de la
» vérité, a dit avec une haute raison, M. le comte
» de Saint-Roman, considère aussi comme un
» crime le refus de décision en matière politique,
» et elle le punit en dépouillant, en faveur de

» de l'usurpation, la légitimité qui, en n'usant
» pas de ses droits, n'a pas accompli ses de-
» voirs. »

Et l'on prétendroit en vain que cette clause,
« Faire toutes les ordonnances pour l'exécution
» des lois et *la sûreté de l'État*, » ne dût s'entendre que de simples ordonnances de police, ou
de la direction et l'emploi de la force publique,
ou enfin de la promulgation des lois, à laquelle
on donne aussi le nom d'*ordonnance*. Toutes ces
diverses attributions sont exprimées clairement
par d'autres articles de la Charte, et l'on sent
bien qu'il faut quelque chose de plus dans ces
grandes crises où *la sûreté de l'État* peut être me-
nacée, et c'est sans doute ce pouvoir tutélaire de
la société, cette grande ressource dans de grands
dangers, cet *ultima ratio* enfin, sans lequel toute
société est impossible, et qui a toujours existé
chez toutes les nations les plus jalouses de leur
liberté, que le législateur paroît s'être réservé
dans cet article, pour la sûreté des peuples et la
conservation de l'État.

On nous dira : C'est attribuer au Roi le pouvoir de changer la constitution de l'État. Je répondrai qu'il faut assurément de très-graves
raisons pour changer la constitution d'un État,

et même, je ne crois pas qu'il en existe pour changer une constitution ancienne , fondée sur les mœurs et les coutumes d'un peuple ; mais, à l'égard d'une constitution nouvelle , dont le temps et l'expérience indiqueroient les endroits foibles, je pense que c'est au Roi seul qu'il appartient de perfectionner un ouvrage qu'il a fait seul, parce que je ne saurois attribuer ce droit à la nation, dont la *souveraineté* n'est reconnue par la Charte, ni en tout, ni en partie ; et parce qu'enfin, puisqu'il faut le dire, la société civile n'est pas un *pacte social*, comme on l'a défini récemment encore ; car alors, elle seroit tout aussi bien un *contrat social*, et je crois que ces éloquentes absurdités, *nugæ canoræ*, et ces faux systèmes, sont depuis long-temps passés de mode, et décrédités auprès des hommes éclairés qui comptent l'expérience pour quelque chose. « Dans la » monarchie, a dit Montesquieu, le prince est la » source de tout pouvoir politique et civil. » Et je pense que c'est dans une monarchie que nous vivons. Si donc le Prince ne pouvoit, de son propre droit et sans le concours d'autres pouvoirs, améliorer une disposition de la loi fondamentale, il cesseroit d'être *la source de tout pouvoir politique*, et nous ne serions pas sous les lois d'une monarchie. Il n'est pas facile d'échapper à la rigueur de cette conséquence.

Un fait existe, qui est plus décisif que tous les raisonnemens possibles : l'ancienne constitution française a été changée.... Qui a légitimé ce changement ? est-ce la nation ou le Roi...? Un nouveau droit public n'avoit-il pas commencé avant la réunion d'aucunes Chambres ? et, si elles ne furent pas même alors partie *consultante*, peuvent-elles être, de droit, partie *délibérante* aujourd'hui dans la grande question qui nous occupe ?

On nous dira encore : Pourquoi remuer ces graves et délicates questions ? Je répondrai une chose fort simple, c'est qu'elles se remuent d'elles-mêmes toutes les fois que l'on projette des changemens importans et faits pour agiter les esprits. Ce n'est pas nous qui agitons ces questions délicates qui intéressent le repos de la société ; c'est nous au contraire qui cherchons à les résoudre et à les fixer au profit de la royauté, lorsque tant d'autres les agitent pour la détruire et nous perdre.

D'ailleurs, il y auroit de la timidité à regarder comme dangereuse la recherche de ces grandes vérités qui sont la base de l'ordre social, dans

2

un temps surtout où elles semblent se perdre de plus en plus chaque jour parmi les peuples ; dans ces temps où l'on peut dire, selon la parole de l'Écriture : *Diminutæ sunt veritates à Filiis hominum.*

Je sais qu'on nous accusera de soutenir les intérêts du pouvoir *absolu*, que nous n'invoquons cependant pas, et que l'on confond toujours par erreur ou à dessein avec le pouvoir *arbitraire*, quoique Bossuet ait déclaré formellement *que rien n'est plus différent en soi,* et que l'autorité du nom de Bossuet soit bien quelque chose encore aux yeux d'un peuple qui n'a pas renoncé à son bon sens, et d'une nation dont ce grand nom est la gloire. On nous accusera de plaider la cause du despotisme et d'être un ennemi des libertés publiques..... Mais ces vaines accusations nous touchent peu. Et si le Gouvernement *absolu,* avoit besoin d'un défenseur, il le trouveroit dans un homme dont le nom et l'autorité seroient assurément d'un très-grand poids dans cette question, et qui s'est chargé lui-même de venger l'ancien Gouvernement français, ce Gouvernement si *absolu,* de toutes les accusations que l'ignorance ou la mauvaise foi ne cessent de lui intenter.

« En renversant, dit l'honorable publiciste,

» toutes les grandes autorités de l'antique mo-
» narchie, en annulant tous les corps intermé-
» diaires entre le prince et le peuple, la révolution
» a enlevé à la nation ses sûretés contre le pou-
» voir, et, au pouvoir lui-même, ses vraies ga-
» ranties. »

Certes, voilà le procès bien et dûment fait à la révolution; voilà la révolution jugée en dernier ressort et sans appel; et personne encore, il faut l'avoüer, ne nous avoit fait comprendre aussi bien toute l'horreur d'une révolution qui avoit renversé le meilleur, et je dirai le plus parfait Gouvernement du monde, puisque ce Gouvernement offroit *à la nation ses sûretés contre le pouvoir, et au pouvoir lui-même, ses véritables garanties ;* toutes choses qui étoient assurées par ces antiques institutions que la révolution a détruites. Grâces soient donc rendues à cet ardent et éclairé défenseur de l'antique constitution française, et hâtons-nous de mettre un terme à l'impatience du lecteur, en nommant M. de Kératry, dont les paroles devroient être gravées en lettres d'or (1). Qu'on ne nous reproche donc plus d'être les soutiens du despotisme, parce que

---

(1) *Courrier Français*, 24 novembre 1823.

nous soutenons la plénitude du pouvoir royal, qui garantit à une nation *toutes ses sûretés.* C'est pour prévenir, au contraire, le retour du despotisme des révolutions, du despotisme de l'Assemblée constituante, de l'Assemblée législative, de la Convention, du Directoire, etc., et de tous ces despotismes ignobles devant lesquels se couchoient à plat ventre (*in servitium ruentes*) tous ces amans de la liberté qui insultent aujourd'hui le pouvoir monarchique; c'est pour prévenir le retour de cette honteuse servitude d'une nation qui ne connut jamais le despotisme que du moment où elle perdit ses rois, et qui n'a retrouvé sa liberté qu'en les retrouvant; c'est pour prévenir le retour de tous ces maux, que nous demandons que le pouvoir monarchique soit conservé dans toute son inviolabilité et sa force, et que la souveraineté du peuple, dogme insensé, auquel le peuple lui-même, par ses longues calamités, a été assez payé pour ne plus croire, ne puisse jamais pénétrer dans le sanctuaire de la royanté. *Quand la royauté souffre, tout souffre dans l'État,* a dit le plus grand génie de l'Angleterre, Shakspeare.

On a dit qu'en reconnoissant que tout pouvoir vient du Roi, il falloit reconnoître en même temps que, lorsqu'un Roi donne à des corps politiques le droit de délibérer, ces corps, en délibérant, ne portent aucune atteinte à la royauté.

Bien certainement il ne peut être venu dans ma pensée de contester le droit de *délibérer* à des corps politiques, investis par le Roi de cette faculté, et de regarder l'exercice de ce droit comme *une atteinte portée à la royauté*. Mais il seroit difficile de croire que ce droit de *délibérer*, qui s'étend à tout ce qui est l'objet des lois civiles et réglementaires, en vote ou en rejet de l'impôt, et à tout ce qui découle de la loi fondamentale, puisse s'étendre à la loi fondamentale elle-même, et rien, dans la Charte, ne me semble annoncer que les Chambres aient été appelées à délibérer sur la Charte même. Le pouvoir souverain est *inaliénable* dans son essence; il se communique, mais ne se partage pas; et il seroit partagé, si les pouvoirs inférieurs étoient, de droit, les égaux du pouvoir suprême dans la discussion et la décision d'un point de la loi fondamentale, que le pouvoir suprême a donné seul; et ces pouvoirs inférieurs seroient les égaux du pouvoir suprême, s'ils pouvoient rejeter une amélioration à cette loi fondamentale, que ce pouvoir auroit jugée nécessaire ou utile à la sûreté de l'État.

Lorsque la constitution d'un empire est fondée

sur les mœurs, les habitudes d'un peuple, sur des coutumes et des lois anciennes, et qu'elle a pour elle la sanction et l'épreuve des siècles, cette constitution, qui est vraiment devenue fondamentale lorsqu'elle réunit tous ces avantages, ne sauroit être changée, ni par le pouvoir suprême, ni par tous les pouvoir de l'État réuni; et je ne pense pas que l'on puisse admettre l'absurde principe de Rousseau, qui déclare que, si un peuple veut se faire du mal à lui-même, personne n'a le droit de l'en empêcher.

Mais dans une loi écrite, dont le temps n'a pas encore révélé tous les avantages ou toutes les imperfections, il seroit difficile de refuser au législateur qui l'a donnée, le droit de d'y faire les améliorations dont l'expérience démontre la nécessité; et ce droit me semble appartenir, en principe, à ce législateur suprême, qui peut néanmoins, dans sa sagesse, consulter et appeler même à délibérer avec lui, sur ces hautes questions, les pouvoirs politiques qu'il a institués, afin de donner plus de solennité à ces importantes délibérations. Si les lois fondamentales ne peuvent émaner que du trône, leur *révision* ne peut appartenir de droit qu'au trône même.

Ces principes ne seront pas compris, je le sais, par un certain parti, mais ils seront entendus en Europe.

Je ne me suis proposé de considérer en ce moment le Renouvellement intégral, que dans l'intérêt de la prérogative royale, et de l'inaliénabilité du pouvoir monarchique ; mais je ne puis m'empêcher de placer ici une réflexion qui se présente à ma pensée : j'entends dire, assez souvent, qu'*un Gouvernement est très-fort dans ces temps-ci, lorsqu'il a sept ans devant lui.........* rien ne prouve mieux le danger actuel de la société que cette parole qui n'eût jamais été prononcée dans des temps de calme, et dans un état régulier de société. C'est à peu près comme si l'on disoit d'un malade : tout ira bien, s'il peut passer la journée....... Et qu'est-ce, grand Dieu ! que sept années pour un peuple ? Qu'est-ce que sept années dans la durée des sociétés......? un jour et moins peut-être......; et je serois tenté de tomber dans un profond découragement, si je n'étendois bien au-delà de *sept années* l'avenir et les espérances de la France. Mais nous serons, je le crains, tout surpris, au bout de sept années, de nous retrouver avec les mêmes embarras, les mêmes intrigues, les mêmes passions et un peu plus de corruption peut-être ; fruit inévitable de cette licence de la presse qui perd tout en France, et que le Gouvernement arrêtera lorsqu'il le voudra bien ; mais qu'il n'artétera que lorsqu'il aura su une fois *s'en indigner*, non de cette indignation *personnelle* et peu noble que la contradiction excite trop souvent chez les hommes en place, mais de cette indignation qui est celle de la justice, de la force et du zèle, et qui renverse (1) tous les obstacles devant soi, pour arriver au but que tout Gouvernement doit se proposer, le bonheur et le repos de la société; de cette indignation, enfin, qui animoit un saint Roi contre les ennemis du Très-Haut, lorsqu'il s'écrioit : Je les hais d'une haine parfaite, *perfecto odio oderam illos* (2).

-----

(1) Au lieu de *renverser*, le cardinal de Richelieu auroit dit *faucher*. Si l'on étoit tenté de reprocher cette expression à ce grand ministre, *qui fauchoit tout devant lui*, comme il le disoit lui-même, lorsqu'il rencontroit les ennemis de son pays et de son roi, nous répondrions que, sans approuver toutes les rigueurs qui pouvoient avoir une ambition particulière pour motif, il valoit mieux cependant *faucher*, pour faire reverdir la monarchie, que pour détruire la société de fond en comble, comme faisoient nos grands *faucheurs* révolutionnaires. Ceux qui, sous le ministère de M. de C...., lui proposoient de tout destituer dans une province, depuis le premier magistrat jusqu'au dernier commissaire de police, ceux-là avoient aussi de très-heureuses dispositions à *faucher*.

(2) Je sais d'avance qu'on abusera de cette citation, et que l'on prêtera à l'auteur des intentions et des sentimens qui sont loin de son cœur; mais je déclare ne *haïr* que le mal, et ne m'indigner que des maximes scandaleuses qui sont publiées

On a dit, dans un journal, qu'il en seroit de *cette opposition de droite* qui se prononce contre la mesure du Renouvellement intégral en ce moment, *comme de la guerre d'Espagne; qu'on annonçoit de grands malheurs, une résistance générale,* et cependant que tous ces obstacles s'étoient évanouis en avançant. Il y a ici une petite difficulté, c'est que c'étoit l'opinion de gauche, et non l'*opinion de droite,* qui se prononçoit contre cette guerre ; c'étoit l'opinion de gauche qui *annonçoit de grands malheurs, qui prévoyoit des résistances générales,* qui sonnoit l'alarme; et, selon cette expression des livres Saints, *trembloit*

---

chaque jour ; comme, par exemple, lorsqu'un journal, en parlant d'un grand crime, loue un écrivain de *n'avoir pas prétendu juger les actes de l'an 14 avec les opinions et l'esprit de ce temps-ci.* Le jugement et l'assassinat du duc d'Enghien appelés froidement *les actes de l'an 14*!!!..... Et l'on ne *haïroit* pas cette atroce licence d'une *haine parfaite !* C'est, assurément, avec le sentiment d'une généreuse indignation, que cet estimable écrivain a jugé ces *actes* horribles de l'an 14, et il ne méritoit pas certains éloges. Il a paru sur ce déplorable événement d'autres Mémoires, bien autrement importans, par un homme qui a eu une part bien douloureusement fameuse dans la condamnation du duc d'Enghien. Cet infortuné ne *voit* plus aujourd'hui que ce grand crime, et le sang innocent est toujours présent à ces yeux que les larmes ont éteints, sans pouvoir éteindre sa douleur et ses remords.

où il n'y avoit nul sujet de crainte ; illic trepidave-
runt ubi non erat timor. L'opinion de droite, au
contraire, bien loin de prévoir de grands malheurs et une résistance générale, voyoit dans
cette guerre la gloire de nos armes, le salut et
l'honneur de la France, et l'extinction de l'esprit
révolutionnaire en Europe. En un mot, l'opinion
royaliste a voulu la guerre, et la guerre a eu
lieu, et elle a réussi. Un illustre guerrier a paru
en Espagne; comme César, il a étonné ses ennemis par la rapidité de ses victoires; et il a pu dire
aussi comme lui : « Je suis venu, j'ai vu, j'ai
» vaincu. »

Mais si l'opinion royaliste a vu si juste dans la
guerre d'Espagne; si elle a obtenu un triomphe
si glorieux et si complet sur l'opinion opposée,
ne seroit-il pas prudent de tenir compte aussi de
ses craintes dans cette occasion, de même que
nous accueillîmes alors ses espérances? et nous
sommes-nous jamais mal trouvés de marcher avec
l'opinion royaliste, qui est l'âme de la monarchie? Peut-être même est-il vrai de dire que,
si l'opinion *est la reine du monde*, elle est surtout le tyran d'un Gouvernement représentatif.

Au reste, si la sincérité de l'opposition de
gauche au Renouvellement intégral m'étoit dé-

montrée, je l'appellerois moi-même de tous mes vœux, bien loin de le combattre; mais tous les libéraux ne parlent pas toujours *officiellement* par l'organe du *Constitutionnel* ou du *Courrier* (1)... On ne donne jamais le mot d'ordre à tout un parti, et les adeptes trahissent quelquefois le secret de leurs maîtres. Ce que nous pouvons affirmer, c'est que, sur beaucoup de points de la France, les libéraux se réjouissent à l'idée d'un changement, comme d'une chance qu'ils croient leur être ouverte, lorsqu'ils n'en avoient aucune en leur faveur depuis long-temps. Et tout changement important dans les circonstances présentes, peut toujours amener des chances contraires à celles auxquelles on s'attendroit, dans un pays qui malheureusement, il faut le dire, est le *sol classique* de l'intrigue : l'intrigue..., le plus dangereux ennemi, et presque le seul aujourd'hui de la Maison de Bourbon. Mais, je le répète, si le parti s'affligeoit réellement de cette mesure, il ne faudroit pas hésiter de l'a-

---

(1) Si même on lit avec des yeux attentifs une phrase du *Constitutionnel* du 29 novembre, on découvrira la pensée se-crète qui perce dans cette phrase, où l'on semble vouloir piquer d'honneur le ministère à ne pas se laisser arrêter par les observations d'un journal royaliste, et de ses véritables amis.

dopter. Les plus forts argumens contre un sys-
tème qui auroit l'improbation des royalistes,
tombent devant l'argument sans réplique de
l'approbation des libéraux, parce que ce parti
a un instinct merveilleux de tout ce qui est
favorable ou nuisible à sa conservation; et que
l'on se tienne pour bien assuré que les libéraux
usent du même raisonnement à notre égard.

Nous ne voulons pas préjuger le fond de cette
question du Renouvellement intégral. Il se peut
que cette mesure soit utile, il se peut qu'elle soit
funeste; mais l'opinion royaliste se prononce
malheureusement contre elle; les ministres le
savent, et c'est un fâcheux préjugé en ce moment contre son opportunité.

Après les grandes secousses qui ont ébranlé
la société, une dissolution des Chambres et des
élections générales effraient toujours l'imagina-
tion d'un peuple ardent, et qui marche dans
des voies nouvelles; c'est comme un grand *dé-
ménagement* fait à la hâte, où l'on ne se croit jamais bien sûr de retrouver tout ce qu'on a dé-
placé.....

Cependant, la justice nous oblige ici de convenir que nous avons la conviction intime que
le ministère, s'il adopte la mesure de la dissolu-

tion de Chambres et du Renouvellement intégral, se propose d'user de toute son influence pour obtenir les élections les plus royalistes, et qu'il n'a pas la pensée de chercher à écarter aucun nom illustre et cher à la cause de la royauté. Délivré pour plusieurs années des soins toujours renaissans des élections, il marcheroit sans doute avec plus d'assurance et de vigueur encore dans les voies de la monarchie, parce qu'il comprend que le temps de ces indignes ménagemens pour l'esprit révolutionnaire, qui ne ménage rien lui-même, est passé sans retour. D'heureuses améliorations signaleroient, nous l'espérons, cette ère nouvelle du ministère; nous verrions la France revenir, enfin, au droit commun de toutes les nations chrétiennes, et rappeler dans ses lois l'intervention de la religion dans le lien du mariage. Un acte de justice, trop long-temps attendu, envers cette classe dévouée et fidèle dont nos princes furent les illustres chefs, et à laquelle aucun sacrifice ne coûta, lorsqu'elle crut entendre la voix de l'honneur et du devoir, viendra combler les vœux des amis de la monarchie plus encore que ceux des familles malheureuses de ces nobles exilés, et sera un gage nouveau de réconciliation et de paix entre les Français, en faisant taire tant d'intérêts opposés et divers.

L'administration sera partout émancipée de la tutelle funeste des bureaux ; et, dégagée désormais de cet immense réseau qui l'enveloppe, elle ne recevra plus d'impulsion de ceux auxquels elle doit, au contraire, la donner. De funestes dispositions seront aussi corrigées dans une loi trop fameuse, qui parut peu monarchique, dans les temps où elle fut portée, à ceux qui sont aujourd'hui à la tête des affaires ; et, comme chef absolu de la force publique, le monarque, dans ses récompenses pour la valeur et le mérite, ne rencontrera plus rien qui puisse gêner le noble élan de son cœur.

Mais sur touteschoses, il faut qu'une loi importante, une loi attendue avec impatience par tous ceux qui voient un peu loin dans l'avenir et qui savent quel est le fondement le plus solide de la prospérité d'un État, vienne retenir la société sur le penchant de sa ruine, et arrêter un mal dont nous ressentons chaque jour davantage les funestes effets. Les hommes éclairés forment des vœux depuis long-temps pour que la famille principe et modèle de la société, soit fortifiée par l'introduction du droit d'ainesse, et constituée comme la monarchie dont elle est l'image, ainsi qu'elle l'est dans presque toute l'Europe ;

et l'on sait assez qu'elle haute influence a eue sur la prospérité de l'Angleterre le maintien de ce droit précieux qu'aucune révolution n'a pu affoiblir et qui conserve avec les propriétés, les traditions et les mœurs dans les familles. Une plaie funeste effraye depuis long-temps les hommes d'État en France et nous menace d'une ruine qui ne sauroit être éloigné; c'est la division des propriétés à l'infini; c'est la progression rapide de ce mal qui fera un jour du sol de la France un immense échiquier qui ira en se subdivisant sans cesse, et au lieu de ces grandes propriétés qui font la force et la stabilité d'un État, n'y laissera plus un jour que de petits *carrés* sur sur lesquels pullulleront des individus, et où des familles ne sauroient vivre.

Il est urgent de remédier à ce mal dont les progrès effrayans, permettent déjà de faire des calculs précis sur les *Tables de mortalité* de la prospérité publique et de l'existence sociale ; et ce ne sera que lorsque nous aurons, comme en Angleterre, de grandes influences territoriales et une forte aristocratie, une aristocratie surtout plus puissante que celle de l'argent, ce ne sera qu'alors que des élections générales pourront toujours être sans danger, parce que l'esprit des révolutions et l'amour des nouveautés y seront sans influence.

Le ministère ne verra, sans doute, dans ces vœux que l'expression des vœux si souvent manifestés par les amis de la royauté : aucun *respect humain* pour la révolution ne lui fera dissimuler ses nobles intentions, quand le temps sera venu de les faire connoître; et la révolution sera étouffée sans retour, le jour où l'on annoncera décidément qu'elle doit l'être, de même que la révolution d'Espagne est rentrée dans l'abîme, lorsqu'elle n'a plus trouvé au dehors l'appui de ce ministère perfide, qui lui avoit donné naissance.

Mais il faut surtout que la prérogative royale soit sauvée dans l'adoption de cette mesure, si elle doit avoir lieu; il faut que le pouvoir royal déclare solennellement sa prééminence sur les autres pouvoirs de l'État dans une question qui intéresse un point fondamental de ces institutions qui sont émanées du trône, et qui ne pouvoient émaner que de lui seul. Et nous pensons que cette réserve des droits de la royauté pourroit être exprimée dans les *considérans* et les termes mêmes de l'ordonnance.

Au fond, il y auroit un inconvénient grave à se

lier par des précédens dangereux, et à abandonner un point important des droits de la royauté, mais je n'en vois aucun à dire : « nous pourrions » améliorer sans vous, ce que nous avons fait » sans vous, mais nous voulons faire avec vous » ce que nous jugeons important à la sûreté de » l'État et à la prospérité publique. » Il faut se mettre le moins possible dans la dépendance des assemblées, surtout pour ce qui tient aux points fondamentaux de la puissance royale, et lorsque Henri IV disoit à l'assemblée des notables de Rouen, *Messieurs je viens me mettre en tutelle entre vos mains*, il ajoutoit après, *mais ventre Saint-Gris, c'est l'épée au coté que je l'entends*..... Mot bien digne de ce Roi si aimable et si franc, *gasconade* vraiment royale de ce Béarnais qui tout en plaisantant, traitoît fort sérieusement tout ce qui touchoit aux droits de sa couronne, et se montroit toujours prêt à en appeller à son épée; à cette épée devant laquelle l'ambassadeur d'une grande puissance fléchissoit le genou, en l'appellant *la plus glorieuse épée de la chrétienté* (1).

Enfin, si cette question du Renouvellement intégral est décidée sans retour, la France entière attend du zèle des royalistes qu'ils se rendront

____

(1) L'ambassadeur d'Espagne.

avec empressement là où aucun de leurs adversaires ne manquera de se trouver. Il est trop vrai
qu'il y a quelques reproches à faire à cet égard
aux défenseurs de la monarchie, et l'activité
de leur zèle ne répond pas toujours à la cons-
tance de leurs principes et à tout ce que cette
cause exige d'eux. On se demande quelquefois, pourquoi les royalistes n'ont pas la même
union, la même persévérance que les hommes
du parti opposé. La réponse me paroît facile ; c'est
que les royalistes se regardent comme une *cause*
et non comme un parti. Ils pensent toujours être
dans un état ordinaire et régulier de société ; ils
ne croyent pas avoir besoin d'effort pour soutenir une monarchie qui s'étoit si longtemps sou-
tenue d'elle-même et par son propre poids ; en
un mot ces braves gens se regardent toujours
comme des citoyens vivant paisiblement au sein
du beau royaume de France, sous la protection
des loix et l'heureux empire des descendans de
Saint-Louis. Leurs adversaires au contraire forment un parti dans l'État et sont en conspiration
flagrante et continue contre la monarchie. Faut-
il s'étonner qu'ils ayent toute l'activité, toute la
persévérance et l'union des conspirateurs ? aussi
ces hommes là, il faut leur rendre cette justice,
ne se divisent pas dans le succès et ne se décou-
ragent pas dans les revers. Rien ne les détourne

de se rendre là où leur présence est utile, et j'ai vu trop souvent que les moindres circonstances empêchoient beaucoup de royalistes de se trouver où leur présence est indispensable. Mais Celui qui néglige, sans un motif très-grave, de se rendre là où l'appelle le devoir le plus impérieux et le plus sacré, est peu digne du nom de royaliste, et manque essentiellement à sa conscience, à son pays et à lui-même.

Je finirai par une dernière réflexion. On a avancé contre la mesure proposée une raison qui, je l'avoue, m'a paru bien peu solide. On a dit que *la proposition étoit faite par le ministère qui n'étoit pas sans intérêt dans la loi qu'il propose, et que la discussion devoit avoir lieu au sein de l'assemblée qui en retireroit les premiers fruits.*

Certes, j'ai conçu, je l'avoue, une trop haute idée de l'importance et de la dignité d'un ministère royaliste et d'une assemblée française, pour croire que la considération de leurs intérêts privés puisse être pour quelque chose dans leur détermination, et je ne saurois jamais séparer ces intérêts de ceux de la monarchie. C'est de plus haut qu'il faut considérer une mesure adoptée dans l'intérêt de l'État, et c'est en elle même qu'il faut en balancer les inconvéniens ou les avantages. Si cette mesure est bonne, je ne verrois pas de

motifs de la rejetter, parce que le ministère y trouveroit ses intérêts, et plût au Ciel que des ministres pussent toujours trouver leur intérêt privé
dans l'intérêt de l'État ! si elle est mauvaise, tout
le désintéressement du ministère dans cette loi,
ne la rendroit pas assurément meilleure et il ne
faudroit pas l'adopter. J'en dis autant des préten-
dus intérêts de l'assemblée elle-même, si elle est
appelée à intervenir dans cette discussion. Toutes
ces *convenances* dont on a parlé, toute cette *délicatesse* et cette abnégation de ses propres intérêts,
sont de fort beaux sentimens sans doute; mais tout
cela est un peu *bourgeois* lorsqu'on l'applique aux
affaires publiques, et à une décision importante
à la prospérité de l'Etat; et si l'intérêt de la monarchie engageoit des ministres à consolider leur
pouvoir, et une assemblée elle-même à prolonger
sa durée, lorsque tout cela se feroit d'accord avec
la puissance royale, toute la *délicatesse* du monde
ne devroit pas les en détourner, et je ne prétends
pas assurément passer pour plus *ministériel*
qu'un autre par cette profession de foi, parce que
je ne puis concevoir l'*existence ministérielle* que
dans l'intérêt de l'Etat; mais il ne faut pas se
tromper sur ce que l'on regarde comme utile à ce
grand intérêt, et c'est ici surtout que le succès
vous justifie.

FIN.